Maria Enslein

Kerzen verzieren

festlich & dekorativ

CHRISTOPHORUS
BRUNNEN-REIHE

Inhalt

Für viele Anlässe

Kerzen begleiten uns durch unser ganzes Leben. Sie bringen Gemütlichkeit und Wärme in den Alltag und verschönern die besonderen Ereignisse. Zu früheren Zeiten dienten sie als Lichtquelle, heute geben sie den Familienfesten und den Festen im Jahreskreis die ganz besondere, persönliche Note.
Auch als kleines Geschenk, vielleicht sogar passend zu Service oder Tischdecke, ist eine schöne, selbst gestaltete Kerze immer willkommen. Die einzelnen Mustervorschläge können ganz einfach variiert werden. Die Symbole, beispielsweise Taube und Wasser für die Taufe, Kelch und Trauben zur Kommunion, zwei Ringe für die Hochzeit, sind für die verschiedenen Feste austauschbar. Und sicher fallen Ihnen noch weitere Varianten ein!

Viel Freude beim Gestalten der Kerzen wünscht Ihnen

Das Material

Kerzen gibt es in vielen verschiedenen Farben und Formen.
Wachsplatten werden einfarbig, gemustert, zum Beispiel marmoriert, und in metallic angeboten, die Größe ist etwa 10 x 20 cm, sie sind 1 mm dick.
Zierwachsstreifen sind in Silber und Gold, flach oder rund erhältlich, mit 1 mm bis 7 mm in der Breite/Durchmesser.
Als Schneidewerkzeug eignen sich ein Cutter mit abbrechbarer Klinge oder eine lange, spitze Nadel. Eine Pappe dient als Schneideunterlage. Mit einem Metalllineal gelingen die geraden Kanten.
Transparentpapier und Tonkarton benötigen Sie für das Übertragen der Motive auf Schablonen.
Von der Goldfolie werden die Motive mit Hilfe eines Kugelschreibers auf die Wachsplatte durchgedrückt. Kleine goldene Punkte entstehen durch Aufdrücken eines groben Schleifpapieres auf die Goldfolie.

So gehts

■ Die Wachsplatten werden mit dem Cutter oder mit einer spitzen Nadel ausgeschnitten. Das Schutzpapier erst nach dem Ausschneiden von der Rückseite der Wachsplatte entfernen. Mit der Schere lässt sich die Wachsplatte am besten ohne dieses Papier schneiden. Das Verzierwachs haftet ohne zusätzlichen Klebstoff nur durch die Wärme der Hand auf der Kerze, im Arbeitsraum sollte es ca. 20° warm sein.

■ Die schmalen Wachsstreifen zunächst paarweise abtrennen, dann in einzelne Streifen teilen.

Übertragen der Vorlagen

1 Die einzelnen Formen mit Transparentpapier vom Vorlagenbogen abpausen.

2 Die Motive in groben Umrissen ausschneiden und auf Tonkarton kleben. Nun die Form exakt ausschneiden.

3 Diese Schablone auf die Wachsplatte in der gewünschten Farbe legen.

4 Mit der Nadel oder dem Cutter die Form ausschneiden.

Anbringen der Aufschriften

■ Es können Fertigschriften verwendet werden.

■ Aufschriften werden aus Zierwachsstreifen, 1 – 2 mm breit, geformt.

■ Namen oder Zahlen werden von einer Goldfolie abgedrückt.

Tipp

Auf dem Vorlagenbogen (A) befinden sich Musterbuchstaben und -zahlen.

5

Frühlingskerzen

Material

- Ovale Kerze in
  Weiß, 16 cm hoch,
  7 cm Ø
- Stumpenkerze in
  Weiß, 20 cm hoch,
  7 cm Ø
- Wachsplatten in
  Weiß zum Unterlegen,
  Gelb, Maigrün,
  Orange, Mittelblau,
  Sonnengelb

Vorlagen

B1, B2
C1, C2

1 Die Grundplatten B1 und C1 in Mittelblau bzw. Maigrün sowie alle anderen Formen nach den Vorlagen ausschneiden.

2 Die gelben Streifen, das gelbe Feld und die Blume mit weißem Wachs in gleicher Größe unterlegen. Alle Teile anbringen. Hellgrüne Blätter um die Blüte platzieren, hellgrüne, dünn geschnittene Streifen auf dem gelben Feld anbringen.

Tipp

*Helles Wachs ist transparenter als dunkles.
Es wirkt kräftiger, wenn es mit
weißem Wachs unterlegt wird.*

Osterkerzen

Material

- Ovale Kerzen in Weiß,
  9 cm hoch, 7 cm Ø
- Stumpenkerzen
  - Elfenbein,
    13 cm hoch, 6 cm Ø
  - Vanille,
    12 cm hoch, 4 cm Ø
  - Dunkelblau,
    12 cm hoch, 5 cm Ø
- Eierkerzen in Weiß,
  Gelb, Grün, 6 cm hoch
- Wachsplatten
  in Weiß, Blau-, Grün-,
  Gelbtönen

Vorlagen
D1, D2

Küken, Gänse, Häschen, Eier und Gras nach den Vorlagen ausschneiden und der Abbildung entsprechend auf den Kerzen anbringen.

Taufe, Kommunion & Konfirmation

Material

- Kerzen in Elfenbein, 40 cm lang, 4 cm Ø
- Wachsplatten in Marmoriert, Mattgold, Weiß, Dunkelblau
- Zierwachsstreifen in Gold/Silber, 1, 3, 4 und 7 mm

Vorlagen

E - G2

Rechte Kerze

1 Die Hintergrundplatte nach der Vorlage G1 zuschneiden, etwa 12 cm vom unteren Rand anbringen und mit dünnem Zierwachsstreifen einfassen.

2 Ein Kreuz, 6 x 15 cm groß, aus 4 mm breitem Wachsstreifen links platzieren. Die Taube G2 mittig fixieren, mit dünnem Silberstreifen einfassen. Wellen, Name und Datum der Abbildung entsprechend anbringen.

3 Ein 7 mm breiter Silberstreifen als oberer Abschluss dient auch als Halterung für einen gläsernen Tropfschutz.

Mittlere Kerze

1 Das Kreuz nach der Vorlage F1 aus einer blaumarmorierten Wachsplatte ausschneiden, etwa 14 cm vom unteren Rand platzieren und mit einem dünnen Zierwachsstreifen einfassen.

2 Blatt und Kelch mit Hostie der Abbildung entsprechend anordnen. Unterhalb des Blattes Weintrauben aus kleinen blauen Wachskugeln andrücken. Blatt und Traube mit verschlungenen Ranken aus dünnen Wachsstreifen verbinden. Die Namensbordüre, 1,5 cm breit, etwa 3 cm unterhalb des Kreuzes anbringen und beschriften. Vorne steht der Name, hinten das Datum.

Linke Kerze

Diese wird ähnlich wie die rechte gearbeitet. Die Grundplatte ist 4,5 mal 16 cm groß.

Taufkerzen

Material

Linke Kerze

- Stumpenkerze in Elfenbein, 18 cm hoch, 6 cm Ø
- Wachsplatten in Weiß, Pastellbraun und in verschiedenen Blautönen
- Zierwachsstreifen in Gold, 1, 2, 3 und 4 mm

Mittlere Kerze

- Stumpenkerze in Elfenbein, 26,5 cm hoch, 7 cm Ø
- Wachsplatten in verschiedenen Grüntönen, Weiß, Hellblau, Rot, Orange, Gelb, Hellviolett, Ultramarin
- Rundstreifen in Gold, 4 mm

Rechte Kerze

- Stumpenkerze in Elfenbein, 21 cm hoch, 7 cm Ø
- Wachsplatten in Blaugold-marmoriert, Weiß
- Zierwachsstreifen in Gold, 3 und 1 mm

Vorlagen

G2, E, H, I1, I2

Linke Kerze

1 Die Taube nach der Vorlage G2 aus einer weißen Wachsplatte ausschneiden, mit einem 1 mm breiten Zierwachsstreifen in Gold einfassen und auf der Kerze fixieren. Unter der Taube zwei Wellen aus 3 mm breitem Zierwachsstreifen legen, darunter den Namen anbringen.

2 Für die Bordüre einen Wachsstreifen, 5 x 19,5 cm, in Hellblau ausschneiden und um die Kerze legen. Mit verschieden großen Rechtecken und Quadraten aus unterschiedlichen Blautönen sowie mit Goldelementen aus Wachsresten ausschmücken.

Mittlere Kerze

1 Die Landschaft der Vorlage H entsprechend aus verschiedenen Grüntönen ausschneiden, etwa 8 cm hoch vom unteren Rand entfernt auf der Kerze fixieren. Etwa 1,5 cm darunter auf einem 14,5 cm breiten Streifen, der mit goldenem Zierwachsstreifen eingefasst ist, den Namen, hinten das Datum anbringen.

2 Bunte Streifen, 2 bis 3 mm breit, als Regenbogen platzieren. Der Regenbogen endet 5 cm unter dem oberen Kerzenrand. Das Kreuz aus Goldstreifen anbringen. Die Taube (Vorlage E) mit einem Zierwachsstreifen umrahmt links neben dem Kreuz fixieren. Wasserwellen unter die Landschaft setzen.

Rechte Kerze

Den Hintergrund nach der Vorlage I1 ausschneiden, mit Goldstreifen einfassen und auf der Kerze anbringen. Ein Kreuz, 14,5 x 8 cm, fixieren. Taube (I2) und Wellen auf dem Untergrund, Name und Datum auf der linken Seite platzieren.

Geburtstagskerzen

Material

Linke Kerze

- Stumpenkerze
  in Champagner,
  16 cm hoch, 5 cm Ø
- Wachsplatten
  in Elfenbein, Grün-
  gold-marmoriert
- Zierwachsstreifen
  in Gold, 1 mm
- Perlstreifen,
  2 mm Ø

Mittlere Kerze

- Stumpenkerze in
  Elfenbein, 14 cm
  hoch, 7 cm Ø
- Wachsplatten in
  Ocker, Mittelbraun,
  Mattgold, Rot,
  Braun-marmoriert
- Zierwachsstreifen
  in Gold, 2, 3 und
  7 mm

Rechte Kerze

- Stumpenkerze in
  Elfenbein, 17 cm
  hoch, 7 cm Ø
- Wachsplatten
  in Glanzgold,
  Mattgold, Braun-
  gold-marmoriert,
  Dunkelrot

Vorlagen

J, K, L

Linke Kerze

1 Die Grundbordüre, 15,5 cm x 2 cm, aus einer elfenbeinfarbi-
gen Wachsplatte ausschneiden und anbringen. Darauf
Quadrate, 2 x 2 cm, aus grüngold-marmorierter Wachsplatte
auf die Spitze gestellt vorne und hinten fixieren. Elfenbein-
farbige Quadrate, 1 x 1 cm, in der Mitte anbringen, den
Mittelpunkt schmücken 3 x 3 Perlen vom Perlstreifen.

2 Mit Zierwachsstreifen das große äußere Quadrat einfassen und zu zwei offenen Herzen führen (Vorlage J).
Die Bordüre ebenso einfassen.

Mittlere Kerze

Die Bordüre ist 3,5 x 22 cm breit. Nach der Vorlage K
verschiedene Formen aus Wachsplatten in unterschiedlichen Farben ausschneiden und anbringen. Mit Blattformen, goldenen Streifen und Dreiecken verzieren.
Die Zahl des Geburtsjahres etwa 3 cm oberhalb der
Bordüre anbringen.

Rechte Kerze

Den Untergrund mit 0,5 cm breiten Wachsstreifen in
Dunkelbraun und Braungold, etwa 12 cm breit, gestalten.
Die einzelnen Felder der Vorlage L entsprechend aus-
schneiden und anbringen.

Zur Hochzeit

Material

Doppelkerze

- Doppelkerze
  Diskus/Indigo
  in Elfenbein,
  15 x 16 cm,
  10 x 20 cm
- Zierwachsstreifen
  in Gold, 1 mm,
  für die Schrift
- Rundstreifen
  in Gold, 2 mm Ø

Baumkerze

- Ovale Kerze in
  Elfenbein,
  22 cm hoch
- Wachsplatten
  in Braun, Gold,
  Gold-marmoriert

Vorlagen
N, O

Doppelkerze

1 Auf die Diskuskerze fünf Rundstreifen in Gold ungeteilt unten links der Mitte anbringen. Nach und nach für die drei Äste teilen. Zwei Streifen bis zum Docht weiterführen.

2 Etwa 20 Blätter nach der Vorlage N ausschneiden und abwechselnd links und rechts der Äste anbringen. Namen und Datum rechts des Baumes anbringen.

3 Für die Indigo-Kerze Rundstreifen und Blätter ebenso, aber auf der linken Seite, anbringen. In der oberen linken Hälfte die Trauringe platzieren.

Baumkerze

Den Baum nach der Vorlage O aus der braunen Wachsplatte ausschneiden. Etwa 100 Blätter in verschiedenen Größen und den Grasstreifen ausschneiden. Alle Teile auf der Kerze anbringen.

Katja +
Thomas
10.10.98

Zur Silberhochzeit

Material

Linke Kerze
- Stumpenkerze
  in Elfenbein,
  16,5 cm hoch,
  7,5 cm Ø
- Wachsplatten in
  Silber-marmoriert,
  Nachtblau, Altrosa
- Zierwachsstreifen
  in Silber, 7 mm
- Rundstreifen in
  Silber, 1 und 3 mm Ø

Rechte Kerze
- Stumpenkerze
  in Elfenbein,
  17,5 cm hoch,
  6 cm Ø
- Rundstreifen
  in Silber,
  1 und 3 mm Ø

Kerze mit Ranken
- Konische Kerze in
  Weiß, 21 cm hoch,
  6 cm Ø
- Wachsplatten in
  Silber-glänzend,
  Antiksilber
- Wachsreste in
  Altrosa, Lachs
- Zierwachs-
  streifen in
  Silber, 3 mm

Vorlage M

Linke und rechte Kerze

1 Für die Bordüre einen 3,5 cm breiten Streifen, 25 und 17,5 cm lang, aus silber-marmorierter Wachsplatte schneiden und mit einem Abstand von 1 cm zum unteren Rand anbringen. 25 Dreiecke aus dem 7 mm breiten Zierwachsstreifen und Rechtecke und Halbkreise aus Wachsplatten in Nachtblau und Altrosa mit dem Cutter ausschneiden.

2 Die Bordüre oben und unten mit 7 mm breitem Rundstreifen einfassen. Eheringe in sich verschlungen platzieren. Dreiecke und Rechtecke der Vorlage M entsprechend anbringen. Jahreszahl und Namen fixieren.

Kerze mit Ranken

Mit 1 mm breiten Wachsstreifen Ranken und Spiralen auf der Kerze anbringen. Ausgeschnittene Blätter in verschiedenen Größen an der Ranke befestigen. Fünf Kügelchen aus lachsfarbenen Wachsresten formen und um eine Mittelkugel aus Silber platzieren. Rosenknospen aus flachgedrückten und zusammengerollten Wachskugeln modellieren und an der Ranke anbringen. Eheringe und die Jahreszahl aus Zierwachsstreifen in Silber fixieren.

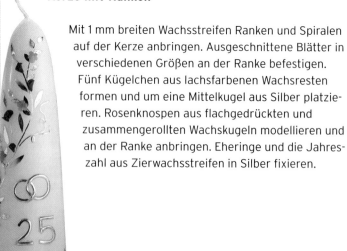

Indigo-Kerzen

Material

Linke Kerze

- Indigo-Kerze
  in Weiß, 15 x 9 cm
- Wachsplatten in
  Mattgold, Tannen-
  grün, Türkis,
  Schiefergrün

Rechte Kerze

- Indigo-Kerze in
  Weiß, 20 x 6,5 cm
- Wachsplatten in
  Mattgold, Tannen-
  grün, Türkis, Grün-
  marmoriert

Dreieckskerze

- Dreieckskerze in
  Weiß, 10 x 20 cm
- Wachsplatten in
  Gelb, Grün,
  Blautönen

Vorlage P

Linke Kerze

Wachsstreifen, etwa 1 cm breit, in den verschiedenen Formen entsprechend der Abbildung anbringen. Überstehende Reste am Kerzenrand mit dem Cutter abschneiden.

Rechte Kerze

Verschieden breite Streifen aus Wachsplatten in Mattgold, Tannengrün und Türkis ausschneiden und diagonal auf einer grün-marmorierten Platte, 5 x 16 cm groß, anbringen. Dabei Zwischenräume frei lassen. Die Ecken links oben und rechts unten mit Dreiecken verzieren. Als Abschluss oben und unten Wachsstreifen in Mattgold, 1,5 cm breit, und rechts und links etwa 0,7 cm breit anbringen.

Dreieckskerze

Wachsstreifen in verschiedenen Farben nach der Vorlage P ausschneiden und auf der Kerze anbringen.

Patchwork-Kerzen

Material

Linke Kerze

- Indigo-Kerze in Weiß, 15 cm hoch, 9 cm breit
- Wachsplatten in warmen Grüntönen, Nachtblau, Reste in Gold

Rechte Kerze

- Stumpenkerze in Weiß, 17,5 cm hoch, 8 cm Ø
- Wachsplatten in Grün-, Blautönen
- Reste von Zierwachsstreifen in Gold, flach und rund

Hochzeitskerze

- Stumpenkerze in Weiß, 20 cm hoch, 8 cm Ø
- Wachsplatten in Violett, Grün-, Blautönen
- Zierwachsstreifen in Gold, 2 mm
- Reste von Zierwachsstreifen in Gold, flach und rund

Vorlagen

Q1, Q2

Linke Kerze

Eine 4 cm breite Bordüre mit verschieden großen Quadraten und Rechtecken in verschiedenen Farben belegen, mit Goldstreifen verzieren, diese teilweise übereinander anordnen (Vorlage Q1).

Rechte Kerze

Rund um die Kerze verschieden breite Streifen in Blau- und Grüntönen anordnen. Mit Quadraten, Rechtecken und Goldstreifen verzieren (Musterbeispiele siehe Vorlage Q2).

Hochzeitskerze

Diese Kerze wird ähnlich wie die rechte gestaltet. Verschlungene Hochzeitsringe platzieren (Musterbeispiele siehe Vorlage Q2).

Orient

Material

Turmkerze

- Unterkerze:
  ovale Kerze in Weiß,
  auf 9 cm Höhe
  abgeschnitten
- Turm:
  Tropfenkerze in Weiß,
  9 cm hoch, 8 cm Ø
- Zierwachsstreifen
  in Gold, 1 und 7 mm,
  in Silber, 4 mm
- Rundstreifen in Gold,
  4 und 7 mm Ø
- Wachsplatte
  in Gold-glänzend
- Wachsklebeplättchen

Tropfenkerze

- Tropfenkerze in Weiß,
  9 cm hoch, 8 cm Ø
- Zierwachsstreifen
  in Gold, 1 mm
- Perlstreifen, 4 mm Ø
- Wachsplatte
  in Gold-glänzend

Vorlage R

Aufgesetzte Turmkerze

1 Bei der Tropfenkerze Zierwachsstreifen mit der Innenspirale beginnend zur Kerzenspitze führen, dann den Wachsstreifen wieder nach unten legen und eine zweite Spirale bilden. So fortfahren, bis die Kerze rundum längliche Felder hat. Die einzelnen Felder mit Quadraten, Rechtecken, Tropfen und kleinen Spiralen verzieren.

2 Auf der Unterkerze Zierwachsstreifen nach der Vorlage anbringen, mit Resten aus Rundstreifen schmücken. Beide Kerzen mit Wachsklebeplättchen zusammenfügen. Die Nahtstelle mit Rundstreifen in Gold und Silber abdecken. Beim Abbrennen dieser Kerze beachten, dass der Docht nicht durchgehend ist (Musterbeispiele siehe Vorlage R).

Tropfenkerze

Die Kerze mit den Zierwachsstreifen längs unterteilen, der Abstand der Streifen beträgt an der breitesten Stelle etwa 2 cm. Die einzelnen Felder mit Spiralen, Dreiecken, Quadraten und Querstreifen aus unterschiedlich breiten Zierwachsstreifen ausschmücken (Musterbeispiele siehe Vorlage R).

Auf dem Titelbild ist eine weitere Tropfenkerze abgebildet. Hier werden Verzierwachsstreifen, 0,1 cm breit, diagonal um die Kerze gelegt.

Jugendstil

Material

Stumpenkerze
- Stumpenkerze in Weiß, 22 cm, 7 cm Ø
- Wachsplatte in Gold-glänzend
- Zierwachsstreifen, 1 bis 2 mm

Rechte Kugel
- Kugelkerze in Weiß, 7 cm Ø
- Zierwachsstreifen in Gold, 1 mm
- Reste von Perlwachsstreifen

Kleine Kugel
- Kugelkerze in Weiß, 5 cm Ø
- Zierwachsstreifen in Gold, 1 mm

Große Kugel
- Kugelkerze in Weiß, 10 cm Ø
- Zierwachsstreifen in Gold, 1 - 2 mm
- Rundstreifen in Gold, 2 mm Ø

Vorlage S

Stumpenkerze

Halbkreise und Dreiecke nach der Vorlage S aus der goldenen Wachsplatte ausschneiden. Zierwachsstreifen in Spiralen- oder Wellenform auf der Kerze anbringen. Die rechte Seite mit halbierten Kreisen, die linke mit Dreiecken schmücken.

Rechte Kugelkerze

Zwei zusammenhängende Zierwachsstreifen spiralförmig in gleichem Abstand, etwa 1 cm breit, um die Kerze legen. Dazwischen einen Wachsstreifen in Gold wellenförmig anbringen. Mit einzelnen kleinen Perlwachsteilen ausschmücken.

Kleine Kugelkerze

Zierwachsstreifen in unterschiedlichen, zusammenhängenden Schlingen auf der Kerze anbringen.

Große Kugelkerze

Oben beginnend Zierwachsstreifen in Gold in unterschiedlichen Abständen spiralförmig um die Kerze legen. In den größten Zwischenräumen kleine Spiralen anbringen. Dann Rundstreifen zwischen den bereits gelegten dünnen Streifen platzieren.

Sternenkerzen

- Stumpenkerzen
  in Champagner,
  16,5 cm hoch,
  5 cm Ø
- Wachsplatten
  in Nachtblau
- Zierwachsstreifen
  in Gold, 2 mm
- dünne Goldfolie
  zum Durchdrücken
- Schleifpapier,
  grob, Nr. 40
- Kugelschreiber

Vorlage T

1 Für die Kerze mit nachtblauer Bordüre blaue Wachsplatte, 4 cm breit und etwa 15,8 cm lang, mit dünner Goldfolie belegen. Darauf die Sternchen-Schablone legen und mit dem Kugelschreiber Sterne durchdrücken. Die kleinen goldenen Punkte entstehen durch Aufdrücken des Schleifpapiers auf die Goldfolie. Als Abschluss die Bordüre oben und unten mit dünnen Zierwachsstreifen in Gold belegen.

2 Für die Kerze mit ausgeschnittenen Sternen dünne Goldfolie auf die nachtblaue Wachsplatte legen. Etwa zehn große und kleine Sterne mit der Schablone und dem Kugelschreiber einzeichnen. Die Folie abziehen. Die Sterne mit etwa 1 mm Rand mit der Nadel ausritzen und an der Kerze anbringen.

3 Die Kerze mit blauen Sternen auf goldenem Grund entsteht wie die vorhergehende, die blauen Sterne waren zuvor schon als goldene Sterne auf einer anderen Kerze aufgedrückt. Die kleinen goldenen Punkte werden mit Schleifpapier von der Goldfolie abgedrückt.

Tipp

*Die Goldfolie mit der matten,
gelblichen Seite nach unten legen.*

Weihnachten

Material

Bethlehem

- Stumpernkerze
  in Elfenbein,
  14 cm hoch, 7 cm Ø
- Wachsplatten in
  Gold-glänzend,
  Dunkelblau,
  Violett, Grün
- Zierwachsstreifen
  in Gold, 1 mm

Mistelzweig

- Stumpenkerze in
  Rot, 16,5 cm hoch,
  5 cm Ø
- Wachsplatten
  in Olivgrün,
  Elfenbeinfarben
- Zierwachsstreifen
  in Gold, 3 mm

Mond & Sterne

- Stumpenkerze in
  Rot, 16,5 cm hoch,
  5 cm Ø
- Wachsplatte
  in Gold-glänzend

Vorlagen

U1 - U3, V

Bethlehem

Die Hausformen nach der Vorlage aus Wachsplatten ausschneiden und an der Kerze anbringen. Anschließend mit
goldenen Zierwachsstreifen umranden. Grüne Palme und
Büsche fixieren. Etwa neun Sterne im oberen Bereich der
Kerze platzieren (Vorlagen U1 bis U3).

Mistelzweig

Aus olivgrüner Wachsplatte Blattformen mit der Nadel ausstechen. Für den Mistelzweig etwa 1 mm schmale Streifen mit
Lineal und Cutter ausschneiden, der Abbildung entsprechend
auf der Kerze anbringen. Die Blätter fixieren. Aus elfenbeinfar-
benem Wachs kleine Kügelchen formen und paarweise am
Blattstiel anbringen. Mit Zierwachsstreifen eine Schleife legen,
am Zweiganfang fixieren.

Mond und Sterne

Mit Nadel und Schablone die Sterne und den
Mond ausstechen und an der Kerze anbringen
(Vorlage V).

Impressum

© 1999
Christophorus Verlag GmbH
Freiburg im Breisgau
Alle Rechte vorbehalten –
Printed in Germany
ISBN 3-419-56460-0

Lektorat:
Maria Möllenkamp, Freiburg

Styling und Fotos:
Roland Krieg, Waldkirch

**Covergestaltung und
Layoutentwurf:**
Network!, München

Coverrealisierung:
smp, Freiburg

Produktion:
Uwe Stohrer Werbung, Freiburg

Druck:
Freiburger Graphische
Betriebe, 2001

Wir sind für Sie da, wenn
Sie Fragen haben.
Und wir interessieren uns
für Ihre eigenen Ideen und
Anregungen.
Schreiben Sie uns, wir hören
gerne von Ihnen!
Ihr Christophorus-Team

Christophorus-Verlag GmbH
Hermann-Herder-Str. 4
79104 Freiburg
Tel.: 0761/ 27 17-0
Fax: 0761/ 27 17-3 52
oder e-mail:
info@christophorus-verlag.de

Aus der Brunnen-Reihe

3-419-56213-6

3-419-56205-6

3-419-56140-7

3-419-56217-9

3-419-56218-7